Herzlichen Dank für alles

Herzlichen Dank für alles

Textauswahl: Roland Leonhardt

SKV-EDITION

Bibliografische Information Der Deutschen Bibliothek
Die Deutsche Bibliothek verzeichnet diese Publikation in der Deutschen Nationalbibliografie; detaillierte bibliografische Daten sind im Internet über http://dnb.ddb.de abrufbar.

ISBN 3-8256-3529-5
Licht und Freude 93529
© 2003 by SKV-EDITION, Lahr/Schwarzwald
Gesamtherstellung:
St.-Johannis-Druckerei, Lahr/Schwarzwald
Printed in Germany 108866/2003

Danke für die gemeinsamen Stunden.

Danke für den Trost in schwerer Zeit.

Danke für die hilfreiche Hand, die das Notwendige tat.

Danke für die guten Ratschläge, die zum Ziele führten.

Danke für die Geduld und den Langmut an hektischen Tagen.

Danke für das offene Ohr, wann immer es galt.

Herzlichen Dank für alles!
*   Roland Leonhardt*

Wer anderen Gutes tut, beschenkt sich selbst am meisten.

SENECA

*W*er für den Himmel ist, wird leben; wer gegen den Himmel ist, wird untergehen.

CHINESISCHE WEISHEIT

*Geben wir uns mit den kleinen Dingen im Leben zufrieden.
Je weniger wir brauchen, desto weniger Schwierigkeiten haben wir.*

Leo Tolstoi

Zufrieden sein ist besser als reich sein.

Aus Spanien

Welche Freude macht es, Gutes zu tun! Diese Freude ist am größten, wenn niemand weiß, dass du es getan hast.

Leo Tolstoi

Des Menschen Glück liegt in der Tat.

ADALBERT STIFTER

*E*rde, Luft und Sonne
gehören uns allen.
Sie lassen sich nicht zu
Besitztümern machen.

LEO TOLSTOI

Es ist ein großes Glück, zu haben, was du willst; aber ein noch größeres Glück ist es, nicht mehr zu wollen, als du bereits hast.

MENEDEMUS

Die Güte siegt über alles und ist unbesiegbar.

Leo Tolstoi

*W*er die Umstände zwingen will, wird ihr Knecht. Wer sie nutzt, wird ihr Meister.

AUS DEM TALMUD

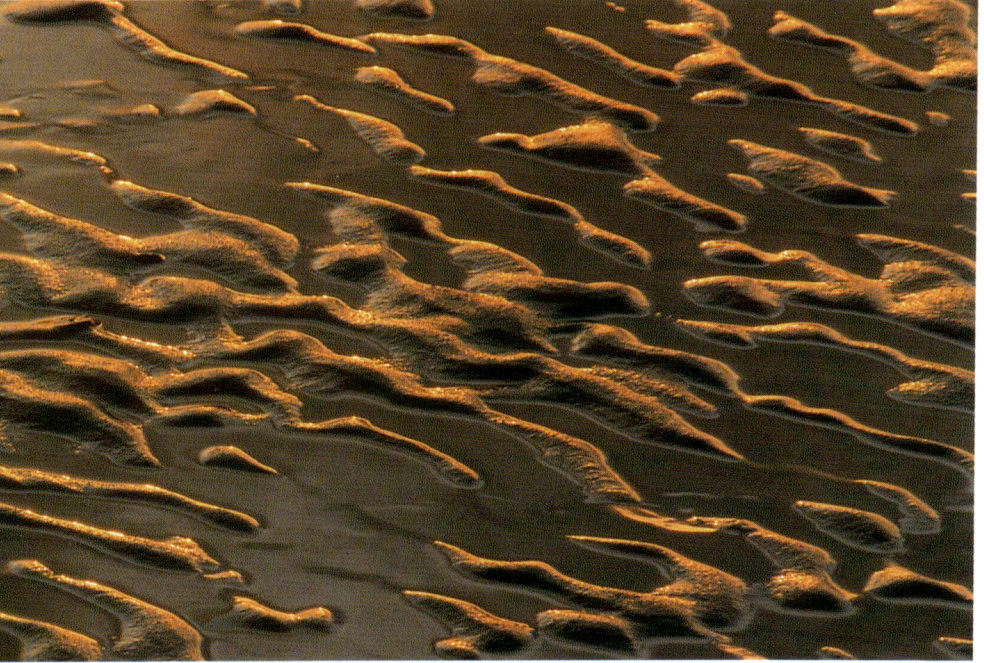

Menschen, die nichts zu verlieren haben, sind sehr reich.

CHINESISCHES SPRICHWORT

Du musst sicher wissen und zutiefst empfinden, dass du jeden Tag dem Besten für deine Mitmenschen widmen sollst und alles Menschenmögliche für sie tust. Du musst es aber tun und nicht darüber reden.

JOHN RUSKIN

*E*in Löffel voll Tat ist besser als ein Scheffel voll Rat.

SPRICHWORT

*Nur der Dankbare weiß die Güter des Lebens zu schätzen.
Nur der, der die Güter des Lebens zu schätzen weiß, genießt sie ganz.*

Hans Margolius

Wohltun erlöst alle Völker der Welt.

JÜDISCHE WEISHEIT

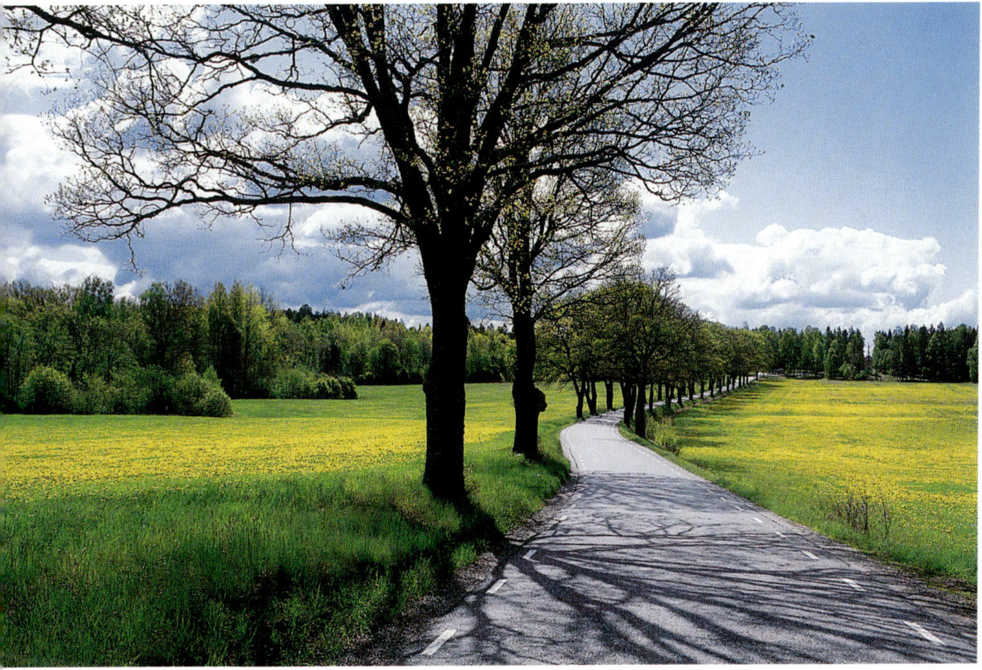

Den Menschen, dem du nichts Gutes tun kannst, gibt es nicht.

Seneca

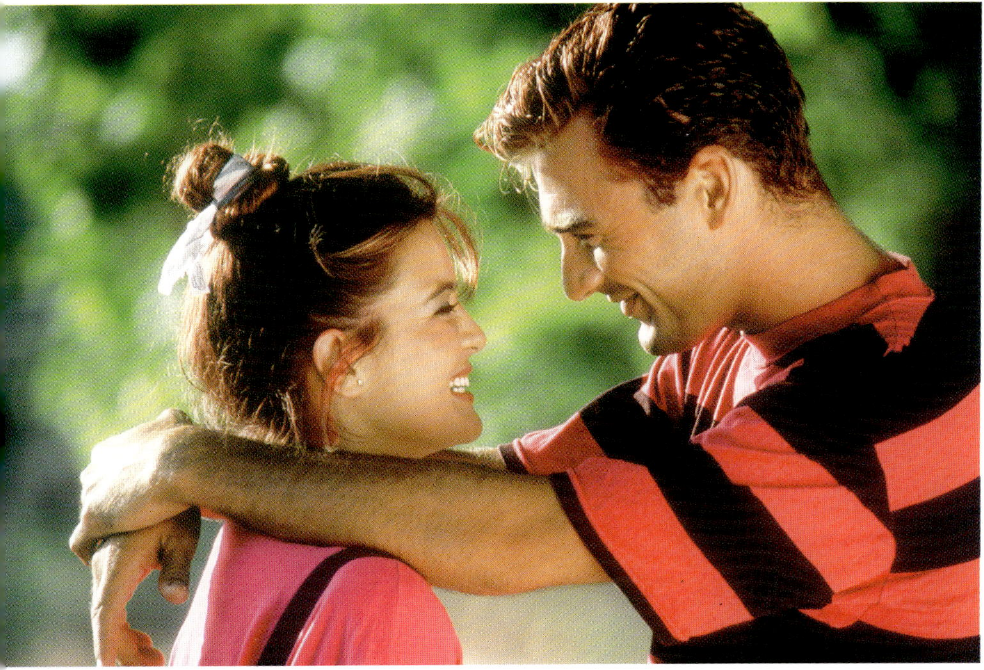

Tust du etwas Gutes, dann sei dankbar, dass du Gelegenheit hattest, es zu tun.

Leo Tolstoi

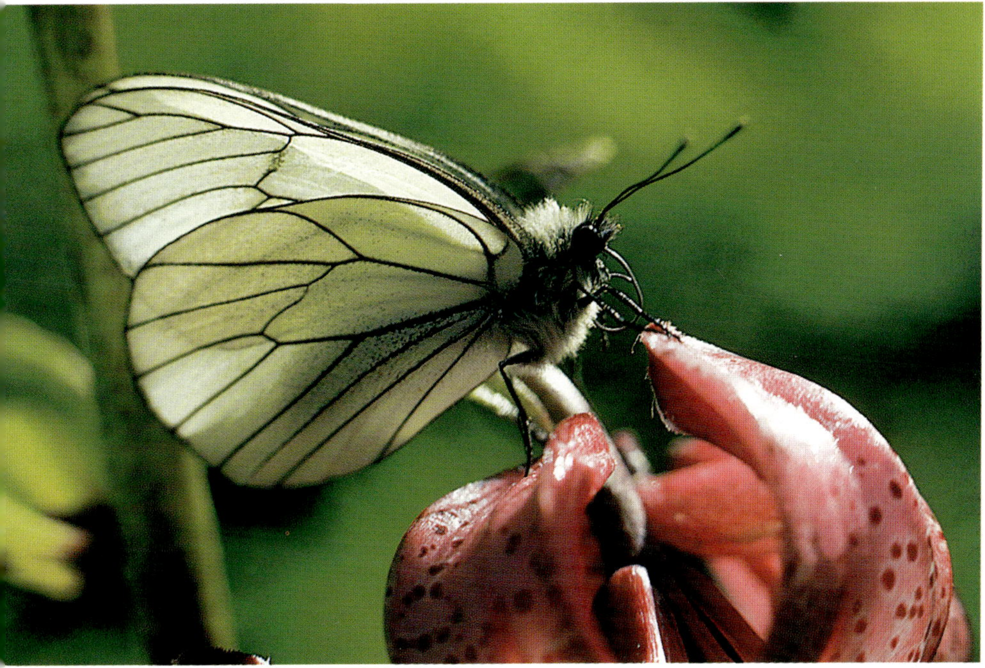

Macht ist dem Menschen nicht dazu gegeben, um die Schwachen zu unterdrücken, sondern um Schwache zu unterstützen und ihnen zu helfen.

JOHN RUSKIN

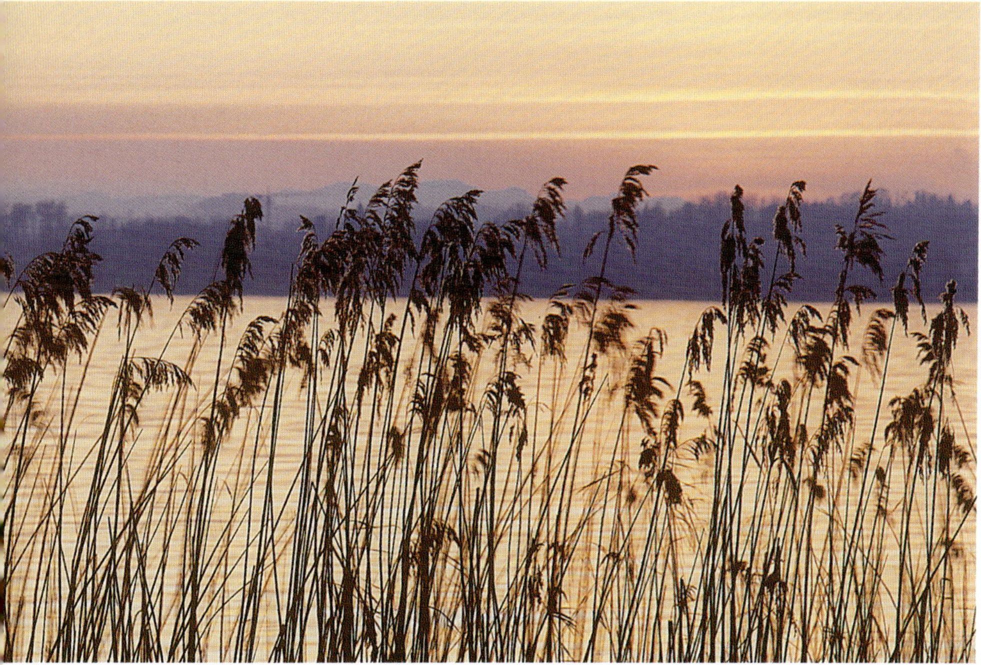

Wenn du Gutes tust und einen Lohn dafür verlangst, schmälerst du die Kraft deiner Güte.

AUS DEM BUCH GÖTTLICHER WEISHEITEN

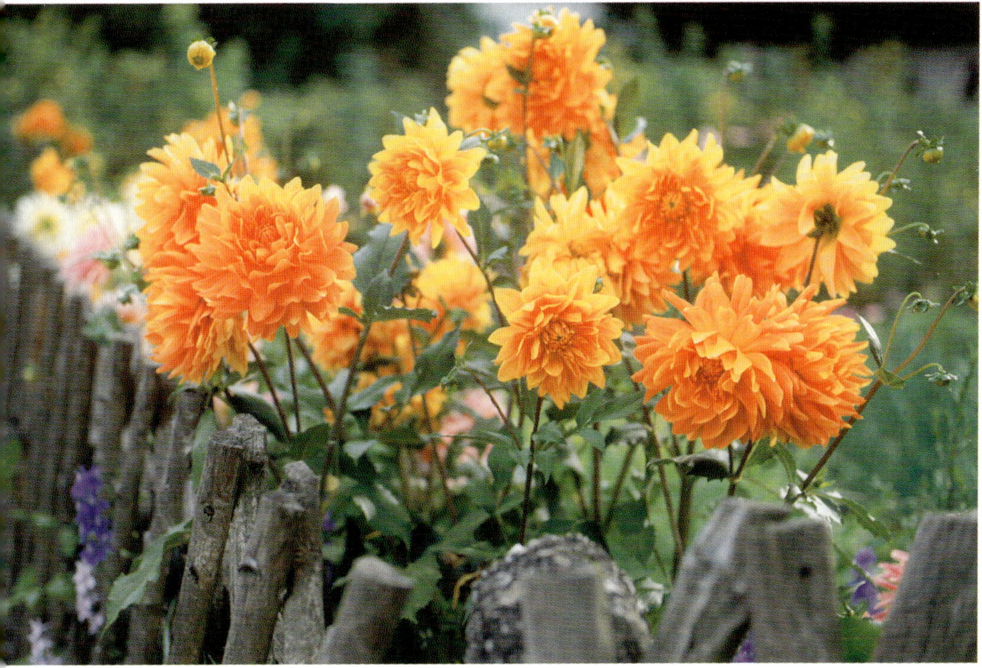

*Froh des bescheidenen Loses lebst du
wie ein Weiser.*

Horaz

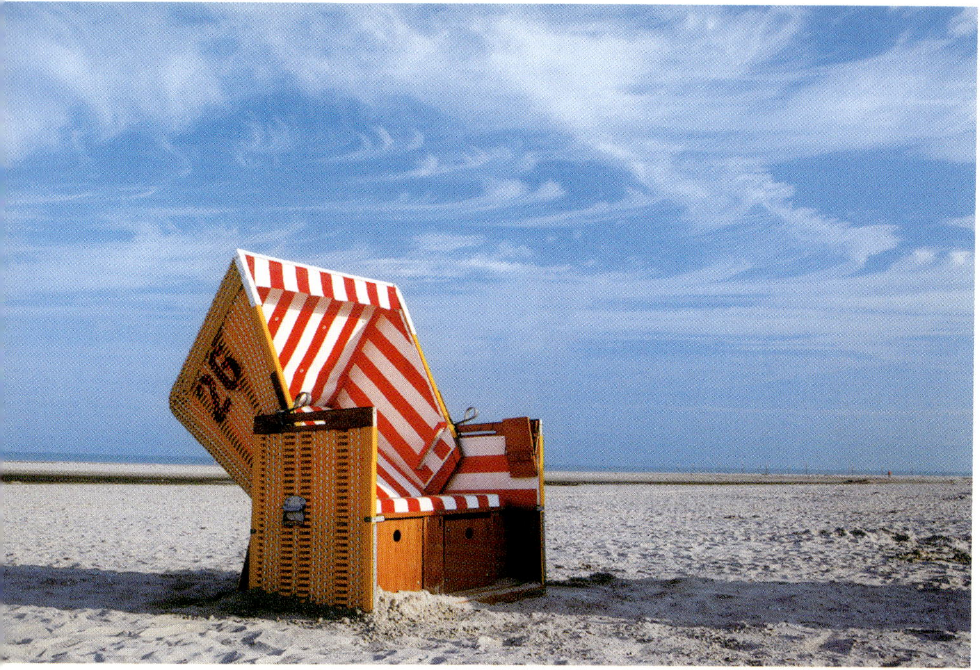

*Wer fertig ist, dem ist nichts recht zu machen.
Ein Werdender wird immer dankbar sein.*

JOHANN WOLFGANG VON GOETHE

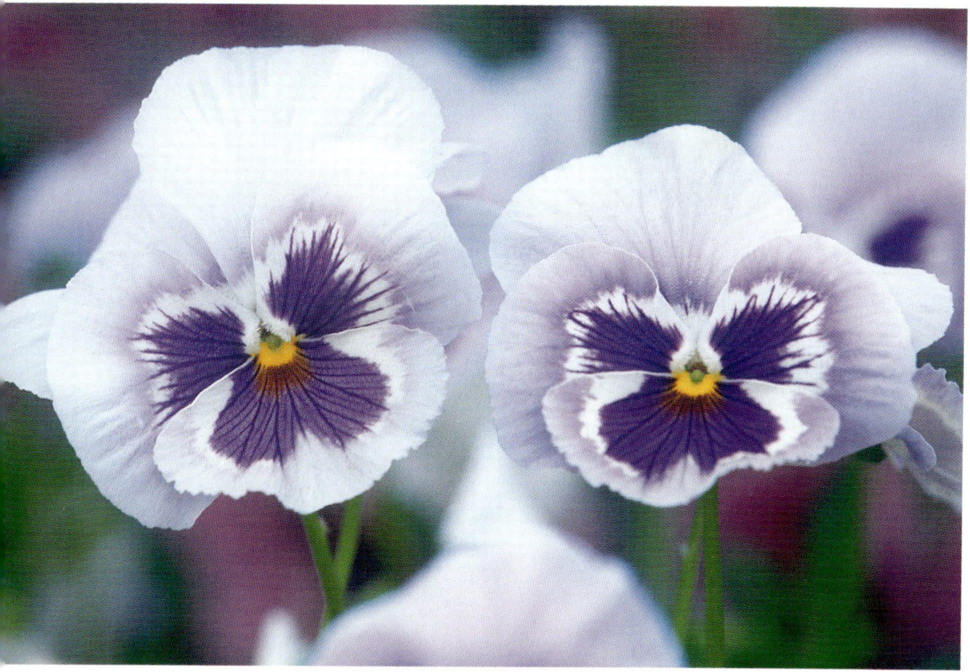

Bildnachweis:
Umschlagbild: U. Schneiders; S. 7: A. Will; S. 8/9: K. Radtke; S. 11: U. Schneiders; S. 13: G.+ S. Stein; S. 15: W. Wirth; S. 17: Ch. Palma; S. 18/19: N. Kustos; S. 21: S. Thamm; S. 23: H. Baumann; S. 24/25: Ch. Palma; S. 27: B. Schmid/E. Geduldig; S. 29: Ch. Palma; S. 30/31: P. A. Pohl SCJ; S. 33: Ch. Palma; S. 35: H. Mülnikel; S. 37: AGE/IFA-Bilderteam; S. 39: L. Bertrand; S. 40/41: A. Dietz; S. 43: R. Blesch; S. 45: H. Janssen; S. 47: Ch. Palma